Accessibilità Web da pensare e progettare

Come rendere il digitale un luogo abitabile

A chi è convinto che ogni progresso verso l'inclusione, anche il più modesto, possa avere un impatto significativo. A coloro che si dedicano quotidianamente a costruire un futuro digitale in cui nessuno venga emarginato.

Con affetto e riconoscenza alla mia famiglia, il mio principale sostegno e la mia fonte di ispirazione.

Cosa Troverai in Questo Libro

Il digitale ha ormai invaso la nostra quotidianità e non si può più ignorare il tema dell'accessibilità online. Electra si tuffa in questo mondo, esaminando – non solo – la parte tecnica, ma anche quella umana e sociale, cercando in fondo di costruire un web veramente inclusivo.

Non basta, certo, conformarsi alle regole: occorre creare uno spazio digitale che accolga ognuno, a prescindere dalle differenti capacità personali.

Questo libro offre strumenti utili e riflessioni sul valore dell'inclusione, sottolinea come ogni scelta nel design o nello sviluppo abbia il potere di migliorare la vita delle persone. Ogni decisione, in effetti, parla di un impegno concreto per un web aperto a tutti – un impegno che, a suo modo, ripete il concetto che l'accessibilità è fondamentale.

Dalle basi dell'accessibilità fino agli strumenti più avanzati, il lettore viene condotto in un percorso che cambia il modo di pensare la progettazione e contribuisce a disegnare un futuro digitale più giusto e migliore.

Introduzione

Nel corso degli anni, ho avuto l'opportunità di approfondire il tema dell'accessibilità web, un argomento che considero cruciale per costruire un web veramente democratico e inclusivo. L'accessibilità non è un optional, ma una necessità che tocca la vita di milioni di persone e definisce la qualità stessa delle nostre interazioni digitali.

Questo libro si rivolge a te che lavori nel digitale – che tu sia sviluppatore, designer, content creator, project manager, o che tu prenda decisioni strategiche in azienda o in un'istituzione pubblica. Desidero condividere conoscenze e riflessioni, affrontando tanto gli aspetti tecnici quanto le implicazioni più umane del rendere il web fruibile da tutti, indipendentemente dalle capacità fisiche o cognitive.

Il mio obiettivo è duplice: da un lato, sensibilizzare sull'importanza cruciale di un approccio inclusivo; dall'altro, fornire gli strumenti pratici e le conoscenze necessarie per progettare e realizzare siti web accessibili in modo consapevole e competente.

Al termine di questa lettura, spero tu possa non solo comprendere meglio i principi e le tecniche dell'accessibilità, ma anche sentirti motivato ad applicarli attivamente nel tuo lavoro quotidiano.

Esploreremo insieme i principi fondamentali delle WCAG, analizzeremo casi studio reali che mostrano l'impatto dell'accessibilità (nel bene e nel male), risponderemo alle domande più frequenti, navigheremo nel panorama delle normative italiane ed europee (con un focus sull'imminente European Accessibility Act), e forniremo checklist e strumenti pratici per passare dalla teoria alla pratica.

Ogni scelta che facciamo nel design e nello sviluppo web ha il potere di migliorare la vita delle persone. Questo libro vuole essere una guida e un invito a contribuire attivamente a un futuro digitale migliore. Per tutti. Buon lavoro
Electra

Capitolo 1 I principi delle WCAG

L'accessibilità web non è una moda, non è un abbellimento, non è neanche solo una norma. È una responsabilità progettuale.

E come ogni responsabilità, se ignorata, produce danni. Nel mondo digitale, quei danni si chiamano barriere. Barriere invisibili per chi può vedere, sentire e muoversi con disinvoltura. Barriere insormontabili per chi utilizza lettori di schermo, per chi ha dislessia, per chi si muove solo con la tastiera o ha difficoltà cognitive.

Per affrontare queste barriere abbiamo una mappa: una serie di linee guida costruite per rendere il web accessibile a tutti.

Sono le **WCAG – Web Content Accessibility Guidelines** – sorrette da quattro pilastri che reggono tutto il sistema:

1. Percepibile

Le persone che accedono a quel contenuto devono essere in grado di vederlo.

Uno di questi sforzi è rendere il contenuto comprensibile ogni volta e dovunque possibile per tutti gli utenti, indipendentemente dall'esperienza sensoriale.

Ciò significa che:

→ Le immagini devono essere descritte nel testo

→ I video devono essere sottotitolati e trascritti;

→ Il design della pagina deve essere navigabile
   per le persone che usano la tecnologia assistiva.

Include anche un'adeguata segnalazione del prodotto, cioè colori, marcature, aspetti visivi o uditivi, così come un'indicazione visiva o uditiva chiara, sempre accompagnata da un output alternativo equivalente

2. Utilizzabile

Tutte le parti della pagina web devono essere navigabili tramite tastiera.

Questo principio afferma che dovresti essere in grado di accedere a tutte le funzionalità del sito web utilizzando solo la tastiera o il mouse.

Gli utenti devono poter navigare, interagire e svolgere compiti utilizzando solo la tastiera o altri dispositivi di assistenza.

Questo comprende il controllo su menu, pulsanti, moduli e anche sul contenuto dinamico.

3. Comprensibile

Le parole devono essere semplici. L'altro requisito è che i meccanismi interattivi devono essere prevedibili.

Gli errori devono essere nominati e affrontati in modo diretto e responsabile. Un sito utilizzabile non aliena, non parla in lingue straniere o termini tecnici senza aiuto.

Ogni componente deve essere funzionalmente valido: un link deve essere identificabile come un link, un pulsante deve portarti verso un'azione definita.

Se un campo è obbligatorio, o se deve avere un formato particolare, questo deve essere spiegato in modo da descriverlo a tutti e come gestirlo.

4. Robusto

Il sito deve essere tecnologicamente agnostico - dal passato al presente e verso il futuro.

Ciò significa che il codice destinazione deve essere HTML e CSS validi e semantici, mantenere gli standard web ed evitare soluzioni specifiche per la tecnologia o non provate.

Ma il contenuto accessibile è resiliente; può essere correttamente compreso da un lettore di schermo, un browser per smartphone o persino una macchina Braille.

Una volta che un sito è forte, non si sbriciola se il modo in cui viene usato cambia, e non lo farà neppure quando è accessibile tramite tecnologia assistiva o un browser diverso dal proprio

Questi quattro principi si articolano in criteri di successo più specifici, che a loro volta definiscono tre livelli di conformità: **A (il minimo indispensabile), AA (il livello a cui la maggior parte delle normative, inclusa quella europea, richiede di adeguarsi) e AAA (il livello più elevato, spesso applicato a funzionalità specifiche più che a interi siti).**

È importante sapere che le WCAG sono un documento vivo, in continua evoluzione per rispondere alle nuove tecnologie e a una comprensione sempre più profonda delle esigenze degli utenti.

Al momento della stesura di questo libro (maggio 2024, per pubblicazione nel 2025), la versione di riferimento più recente è la WCAG 2.2, ma è già in sviluppo la WCAG 3.0 che promette un approccio ancora più olistico e centrato sull'utente. Mantenersi aggiornati su queste evoluzioni è fondamentale per chiunque operi nel settore.

Tuttavia, ora che sono passati anni da quando queste linee guida sono state rese pubbliche, stiamo ancora vedendo "mostri" di accessibilità che si nascondono sul web. Sono errori semplici, ma altamente restrittivi per le persone con disabilità. Ecco i principali:

1.1 Il contrasto che sparisce

Colori belli, ma illeggibili. Sì, testo chiaro su sfondi chiari. Il contenuto è difficile da leggere o illeggibile a causa della mancanza di contrasto. Le persone con vista ridotta e quelle che leggono da uno schermo in una stanza molto luminosa potrebbero avere difficoltà a leggere il testo rispetto allo sfondo. Le WCAG richiedono un contrasto di 4,5:1 per il testo normale e di 3:1 per il testo grande. Non conformarsi equivale a rendere il contenuto invisibile a molti.

1.2 L'alt fantasma

Immagini senza descrizioni.

Per chi usa un lettore di schermo, sono immagini invisibili, veri e propri "buchi neri" nel contenuto: semplicemente, non esistono.

Ogni immagine che veicola un'informazione essenziale deve avere un testo alternativo (alt text) chiaro, conciso e utile.

Questo testo è la sua voce: spiega a chi non può vedere cosa l'immagine rappresenta, quale messaggio cruciale sta comunicando o quale funzione svolge.

Senza di esso, una parte del significato viene irrimediabilmente persa. Al contrario, le immagini puramente decorative – quelle che servono solo ad abbellire la pagina senza aggiungere informazioni sostanziali – devono avere un attributo alt vuoto (scritto come alt="").

1.3 Il menu trappola

Se il menu è fuori portata significa che una porta è chiusa.

Se non può essere accessibile tramite tastiera, o è strutturato in modo confuso, molte persone si trovano semplicemente bloccate.

La tastiera deve avere la funzionalità per entrare nel sottomenu, seguire i link e chiudere il sottomenu.

Un menu ben progettato è uno strumento per la navigazione.

Uno disegnato male è un labirinto.

1.4 Il Focus Invisibile

Il focus è il segnale che ti dice dove ti trovi nella pagina.

La navigazione tramite tastiera è cruciale.

Quando lo nascondi, ad esempio per motivi estetici (es. con outline: none), l'utente perderà l'orientamento.

L'enfasi deve essere chiaramente visibile e ovvia con colori e spaziatura affinché tutti possano vederla.

1.5 Il Linguaggio Oscuro

Scrivere in modo complicato non è un segno di competenza.

È una barriera.

Frasi lunghe, gergo tecnico non spiegato, istruzioni ambigue o troppo sintetiche rendono difficile capire cosa fare. Il linguaggio accessibile è semplice, diretto, concreto.

Tutti devono poter comprendere senza dover interpretare.

1.6 Il Form Silente

Compilare un modulo senza sapere dove sei, cosa devi scrivere e se hai sbagliato è frustrante. I form devono avere etichette chiare, associati correttamente ai campi (<label for="id">) e messaggi di errore descrittivi. Devono anche indicare in modo visibile i campi obbligatori e fornire suggerimenti utili. Il form è una conversazione: se non risponde, si interrompe.

1.7 Il Popup Invasore

I popup devono essere gestiti con attenzione. Quando si aprono, devono spostare il focus al loro interno e impedire l'interazione con il resto della pagina finché non vengono chiusi.

Devono essere annunciati correttamente con role="dialog" e aria-modal="true". Se non si sa che un popup è comparso, l'interazione si blocca. E con essa, l'utente.

1.8 La Falsa Convinzione Tecnica

Questo "mostro" emerge quando le decisioni di sviluppo si fondano su presupposti errati o su una comprensione superficiale dei principi di accessibilità, portando involontariamente alla creazione di barriere digitali. È la falsa convinzione, ad esempio, che il focus visibile della tastiera sia un mero "disturbo grafico" da nascondere (magari con un outline: none), che l'aggiunta indiscriminata di attributi ARIA sia una soluzione universale, o che elementi come gli skip link siano superflui e possano essere tranquillamente omessi.

Si tratta di un approccio che, per ignoranza o fretta, tratta l'accessibilità come un fastidio da aggirare o un "extra" opzionale, piuttosto che un requisito intrinseco della qualità. Il risultato è un codice che, pur sembrando funzionare, si rivela accessibile solo a una ristretta cerchia di utenti, escludendo – spesso inconsapevolmente – chiunque abbia esigenze o modalità di interazione differenti.

Ma l'accessibilità non è un di più.

È parte integrante della qualità del codice e la base fondamentale per costruire un web che sia davvero uno spazio accogliente per tutti.

Questi mostri non si combattono con la retorica.Si combattono con formazione, attenzione e scelte consapevoli.

Ogni decisione di design ha un impatto. E quando parliamo di accessibilità, l'impatto può essere la differenza tra accesso o esclusione.

Non è solo una questione tecnica. È una questione di giustizia.

"Scrivere chiaro non è solo una scelta stilistica, è un atto di inclusione."

Capitolo 2: Alla ricerca del reale

Il web ha il potere di influenzare il modo in cui le persone vivono, e i profili di questo capitolo esemplificano il potere di un buon design. L'accessibilità consente una migliore esperienza utente e aumenta i profitti, ed è per questo che alcune aziende vi hanno investito.

D'altra parte, ci sono stati esempi di contenuti non disponibili che hanno comportato responsabilità legali, finanziarie e reputazionali.

2.1 Università Inclusiva

I dati dovrebbero essere accessibili alle persone con disabilità per promuovere un accesso equo alle informazioni. I siti web del settore pubblico devono conformarsi alla Direttiva sull'Accessibilità del Web (WAD). Questo garantisce che chiunque, indipendentemente dalla presenza di disabilità, possa **accedere ai contenuti e ai servizi formativi online in modo equo** (gratuitamente o alle medesime condizioni degli altri studenti).

Strategia di apprendimento permanente

Questa regolamentazione ha avuto l'effetto di trasformare le istituzioni europee, costringendo scuole e università a creare materiale didattico accessibile a tutti gli studenti. Ad esempio, ci sono miglioramenti nell'aggiunta di sottotitoli ai video e nel garantire che un PDF sia "taggato" per un lettore di schermo. Inoltre, le piattaforme didattiche sono state ridisegnate in modo che possano essere navigate con una tastiera, per facilitare la vita delle persone che non controllano un mouse.

Questi sono solo passi nella giusta direzione per progettare un sistema educativo veramente inclusivo. Quando tutti hanno pari opportunità tra gli studenti, la società deve bilanciare le opportunità in termini di etnia e preoccupazioni per la disabilità.

Risultato

Gli studenti che hanno difficoltà a vedere, sentire o tenersi al passo con il materiale possono più facilmente seguire corsi online.

Implicazioni

L'università inclusiva ha migliorato l'esperienza degli studenti, quindi perché un'organizzazione che risponde alle esigenze degli studenti continua ad avere problemi con ciò? La conformità a tali regolamenti non è solo legalmente obbligatoria, ma ci sono anche benefici duraturi nell'insegnamento da trarre.

2.2 Un settore in evoluzione: l'accessibilità nei siti di e-commerce

I siti di e-commerce si concentrano sull'accessibilità come tendenza.

Per molto tempo, le persone con disabilità hanno trovato Internet una risorsa difficile da usare.

Tuttavia, grazie a nuovi concetti, alcune di queste aziende di e-commerce si stanno avvicinando a rispettare le linee guida europee e a implementare nuovi elementi con l'intento di migliorare l'accessibilità.

Questo comporta, a sua volta, un'esperienza di navigazione sul sito molto più facile da usare rispetto a quella di oggi, progettata per essere accessibile a tutti: non importa se siamo utenti vedenti o utenti completamente ciechi, se la nostra coordinazione fisica è intatta o spastica o se tutti i membri della nostra famiglia hanno problemi di udito.

Alcuni siti internazionali offrono ora didascalie per spettatori in inglese.

Le pagine più popolari sono state aggiornate per renderle il più user-friendly possibile.

Viene usato HTML semantico per favorire una migliore comprensione dei contenuti.

Le immagini sono dotate di tag alt per i lettori di schermo.

La navigazione può essere effettuata con la tastiera da utenti con problemi di mobilità.

Risultato

Ciò ha portato a una riduzione dei tassi di abbandono del carrello e a una maggiore soddisfazione sia tra gli utenti fisicamente disabili che tra quelli normodotati. Il fatto che il feedback positivo confermi i cambiamenti prodotti è un beneficio.

Implicazioni

Investendo nell'accessibilità, è possibile offrire servizi al maggior numero possibile di clienti, ma allo stesso tempo migliorare la reputazione del marchio, fornire un'esperienza di shopping online migliore per tutti e così aumentare il valore a lungo termine di un'azienda.

2.3 L'accessibilità nei siti web delle testate giornalistiche

Alcuni siti di notizie stanno rivedendo il loro front-end per renderlo più user-friendly per tutti, comprese le persone con disabilità visive e cognitive.

Il linguaggio è semplice e ci sono grandi pulsanti per aiutarti a navigare.ALTO CONTRASTO per rendere il contenuto ben visibile, ma ogni parte è sotto controllo.

I video sono sottotitolati, le infografiche sono annotate: tutto il materiale è accessibile a tutti gli utenti, comprese le persone con disabilità.

Risultato:

Gli sviluppi recenti nel sistema hanno visto aumentare l'uso della piattaforma tra utenti disabili e non disabili. Abbiamo avuto una grande risposta finora! L'accessibilità ha influenzato notevolmente l'esperienza dell'utente;

Implicazioni:

Alcuni importanti punti positivi a lungo termine: un pubblico più ampio, una reputazione migliore e la conformità legale, oltre a quelli già menzionati. Inoltre, incoraggiare l'inclusività porta ad ampliare l'ambito, aumentare la portata e migliorare l'immagine positiva dell'azienda per una società con una mentalità aziendale.

2.4 Netflix e i Sottotitoli

Nel 2012, la NAD ha citato in giudizio Netflix. Principalmente ha intentato la causa perché gran parte del suo contenuto non era sottotitolato.

Per anni, la NAD aveva sostenuto che, poiché non venivano forniti sottotitoli, le persone con disabilità uditive non potevano godere appieno del contenuto.

Ha utilizzato tale argomento per ottenere supporto per la sua mossa iniziale nel 1994 e lo ha usato per ottenere sentenze favorevoli da allora.

Netflix, nel tentativo di difendersi, ha sostenuto che l'ADA non si applicava ai servizi online. Il tribunale ha concordato con Netflix che la legge richiedesse che Netflix fornisse tutta la sua programmazione con sottotitoli in ogni formato e modalità.

Netflix non ha avuto altra scelta se non accettare il verdetto e ha iniziato a lavorare direttamente sulla logistica per **implementare e fornire i sottotitoli** per tutti i suoi contenuti video.

Risultato

Oggi, praticamente tutte le offerte di programmi di Netflix includono i sottotitoli.

Il caso ha aumentato la consapevolezza generale e ha portato a una regolamentazione legale nel campo dell'accessibilità digitale.

Implicazioni

Questo processo ha dimostrato che l'accessibilità deve essere un diritto goduto da ogni utente, indipendentemente dal loro background o handicap. Ha anche sottolineato l'importanza di prestare attenzione all'accessibilità. Le conseguenze legali di non agire in tal senso possono essere sostanziali.

2.5 Target.com e la Causa Storica

Nel 2006, la National Federation of the Blind (NFB) ha intentato causa contro Target.com, una delle più grandi catene di retail negli Stati Uniti. Il sito offre una vasta gamma di prodotti, tra cui abbigliamento, elettronica, articoli per la casa, alimentari e molto altro, permettendo agli utenti di acquistare online e ricevere i prodotti direttamente a casa o in negozio, per non aver reso il proprio sito web accessibile alle persone non vedenti.

In particolare, il sito non era completamente navigabile tramite tastiera, una funzionalità essenziale per gli utenti che utilizzano lettori di schermo. Inoltre, i contenuti visivi non erano correttamente descritti, impedendo l'accesso alle informazioni per le persone con disabilità visive.

La causa si è conclusa con una vittoria per la National Federation of the Blind, e Target ha dovuto accettare di pagare una multa di 6 milioni di dollari. Inoltre, la piattaforma è stata obbligata a migliorare l'accessibilità del sito web, implementando le modifiche necessarie per garantire che i contenuti fossero fruibili da tutti, inclusi gli utenti non vedenti.

Risultato

Target ha accettato di conformarsi alle WCAG e il caso ha stabilito un precedente legale significativo, decretando che il web è uno spazio pubblico e deve essere accessibile.

Implicazioni

Questa causa legale ha sollevato una grande consapevolezza sull'accessibilità del web, ma con ramificazioni legali che hanno costretto molte altre aziende a fare dell'accessibilità web una priorità per non rischiare multe e cattiva pubblicità.

Capitolo 3: FAQ Accessibilità Web

L'accessibilità web è un argomento vasto e inevitabilmente solleverà molte domande nelle menti delle persone, soprattutto se sei nuovo all'argomento.

Lo scopo di questo capitolo è offrire risposte chiare a domande comuni, fornendo al contempo principi e raccomandazioni importanti tese a rendere un sito web realmente accessibile a tutti.

3.1 L'accessibilità vale anche per i piccoli siti?

Sì, l'accessibilità è importante per qualsiasi tipo di sito web, grande o piccolo. Non importa se il sito rappresenta una grande azienda o un piccolo portfolio personale.

Ogni sito che offre contenuti online deve garantire che tutti gli utenti, inclusi quelli con disabilità, possano fruirne senza difficoltà. Non fare accessibilità significa escludere una parte significativa di utenti, che potrebbe non essere in grado di accedere al sito.

Per un piccolo sito, adottare buone pratiche di accessibilità fin dall'inizio non è solo una questione di inclusione, ma anche di responsabilità.

3.2 Meglio HTML nativo o ARIA?

La risposta a questa domanda è semplice: la base di tutto è l'uso di HTML semantico.

Durante lo sviluppo di un sito web, è essenziale impiegare elementi HTML semantici come <button>, <nav> e <form>, poiché questi sono naturalmente accessibili. Tali elementi sono progettati per essere facilmente riconoscibili dai lettori di schermo, garantendo così una navigazione fluida e intuitiva.

L'uso di ARIA (Accessible Rich Internet Applications) dovrebbe essere riservato ai casi in cui l'HTML non riesce a rappresentare in modo accurato un'interazione. Sebbene ARIA possa risultare utile, un uso inadeguato può compromettere l'accessibilità. Pertanto, è sempre preferibile fare affidamento su una solida struttura HTML come prima misura.

3.3 Le immagini decorative vanno descritte?

Le immagini decorative, quelle che non trasmettono un'informazione importante, non dovrebbero essere descritte. In questo caso, il testo alternativo (alt text) deve essere lasciato vuoto (alt="").

Questo permette ai lettori di schermo di ignorare queste immagini e evitare di fare "rumore" informativo.

Se un'immagine ha un ruolo informativo, invece, è fondamentale che abbia un testo alternativo che spieghi chiaramente il suo contenuto.

Differenziare tra immagini decorative e informative è cruciale per garantire che l'utente abbia una fruizione chiara e precisa del contenuto.

3.4 Quando testare l'accessibilità?

E la sfida più grande?

Testare l'accessibilità dovrebbe essere una priorità fin dalle fasi iniziali dello sviluppo del sistema, senza aspettare fasi avanzate del progetto.

È fondamentale integrare l'accessibilità nel processo di design; posticipare questa fase per poi cercare di implementare in seguito può portare a complicazioni.

Durante lo sviluppo, è possibile identificare e risolvere i problemi di accessibilità tempestivamente, evitando che diventino troppo complessi o costosi da correggere.

I test devono essere condotti regolarmente e in modo continuativo, non solo utilizzando strumenti automatici, ma anche attraverso test manuali, simili a quelli effettuati da un utente che utilizza, ad esempio, la tastiera o le tecnologie assistive.

Controlli periodici garantiscono che il sito rispetti sempre le normative vigenti in materia di accessibilità.

L'unico vero test in termini di accessibilità è quello che ti permette di vedere attraverso gli occhi di un utente.

Dovresti essere in grado di navigare il sito con una tastiera, senza un mouse, e usando lettori di schermo.

Se un utente può utilizzare ed eseguire efficacemente le funzioni principali senza frustrazione, allora il sito è accessibile.

I test manuali, insieme all'uso di alcuni strumenti di automazione, sono essenziali per verificare che tutto il contenuto di tutte le aree sia anche utilizzabile da chi usa tecnologie assistive.

In questo modo, il sito è garantito per essere utile a un pubblico ampio e variegato.

3.5 Servono esperti?

La complessità del progetto influenzerà il livello di impegno richiesto.

Per la creazione di un sito web di base, chiunque possieda una buona conoscenza delle linee guida per l'accessibilità e competenze solide in design o sviluppo può adottare le pratiche corrette.

Tuttavia, per progetti più complessi, come applicazioni web interattive o siti e-commerce, è consigliabile collaborare con un professionista specializzato in accessibilità.

Un esperto del settore può assicurarti l'accesso a tutte le funzionalità avanzate e garantire che il sito sia conforme alle normative vigenti.

L'accessibilità dovrebbe essere considerata parte integrante del processo di design e sviluppo, piuttosto che un elemento aggiuntivo.

3.6 Cosa cambia?

Un cambiamento molto significativo è ormai alle porte con la piena applicazione dell'European Accessibility Act (EAA), prevista a partire dal 28 giugno 2025. Questa importante direttiva europea estende in modo considerevole l'obbligo di rendere accessibili prodotti e servizi digitali, andando a includere, oltre al settore pubblico, anche numerose tipologie di aziende private.

In termini pratici, questo significa che molti servizi digitali di uso quotidiano – come i siti di e-commerce, le applicazioni per i servizi bancari, i sistemi di biglietteria elettronica per i trasporti, i lettori di e-book e persino alcuni sportelli automatici – dovranno essere progettati e realizzati rispettando specifici requisiti di accessibilità.

L'implicazione principale è che, per un'ampia fetta del mercato privato, l'accessibilità digitale cesserà di essere considerata una libera scelta o una semplice "buona pratica", per trasformarsi invece in un requisito legale vincolante per operare all'interno dell'Unione Europea.

Capitolo 4: Norme, Obblighi e un Futuro Già Scritto

L'accessibilità web non è solo una questione tecnica o di buona volontà.

In molti paesi, incluse l'Italia e gli altri Stati membri dell'Unione Europea, sono in vigore leggi e regolamenti che obbligano le organizzazioni pubbliche e private a rispettare determinati requisiti di accessibilità.

In questo capitolo, esploreremo le normative esistenti, i requisiti per le aziende e gli enti pubblici, e cosa ci riserva il futuro in termini di obblighi legali.

4.1 Normativa italiana ed europea attuale

Nel quadro normativo attuale, sia in Italia che a livello europeo, l'accessibilità web è disciplinata da un insieme specifico di leggi.

In Italia, il riferimento principale è la **Legge 9 gennaio 2004, n. 4, comunemente nota come "Legge Stanca"**. Questa legge pionieristica ha stabilito le "Disposizioni per favorire e semplificare l'accesso degli utenti e, in particolare, delle persone con disabilità agli strumenti informatici".

[1] Successivamente, per allinearsi al contesto europeo, la Legge Stanca è stata significativamente modificata e integrata dal **Decreto Legislativo 10 agosto 2018, n. 106**, che ha recepito la **Direttiva UE 2016/2102** relativa all'accessibilità dei siti web e delle applicazioni mobili degli enti pubblici. Questa normativa combinata stabilisce che i siti web e le applicazioni mobili degli enti pubblici – incluse amministrazioni statali, enti pubblici territoriali (Regioni, Province, Comuni), scuole di ogni ordine e grado, università, aziende sanitarie, e altri organismi di diritto pubblico – devono essere accessibili.

1. www.unimi.it

Requisiti minimi

La Legge Stanca impone che i siti pubblici raggiungano almeno il livello AA delle WCAG 2.0. Ciò implica, ad esempio, la necessità di garantire un contrasto adeguato tra testo e sfondo, fornire testi alternativi per le immagini e assicurare che il sito sia completamente navigabile tramite tastiera. Inoltre, gli enti pubblici sono tenuti a pubblicare annualmente una dichiarazione sui propri siti web che attesti la conformità ai requisiti di legge in materia di accessibilità.

Conseguenze

Gli enti pubblici devono effettuare regolari verifiche sui propri siti web per assicurarsi che la navigazione e l'aspetto siano in linea con i requisiti di accessibilità.

Tale obbligo ha spinto molte amministrazioni a prestare maggiore attenzione all'accessibilità dei loro siti e a investire non solo per rispettare le normative vigenti, ma anche per garantire che tutti i cittadini possano accedere equamente ai servizi pubblici online.

4.2 European Accessibility Act Normativa USA

Negli Stati Uniti, l'obbligo di accessibilità digitale si articola su più fronti.

Da un lato, l'**Americans with Disabilities Act (ADA)**, in particolare il Titolo III, è stato interpretato nel corso degli anni dai tribunali come applicabile anche ai siti web e alle applicazioni di molte aziende private, in quanto considerati estensioni di 'public accommodations' (luoghi e servizi aperti al pubblico).

Questa interpretazione ha portato a numerose azioni legali contro aziende i cui servizi digitali non erano accessibili. Dall'altro lato, la **Section 508 del Rehabilitation Act** impone requisiti di accessibilità specifici per le agenzie del governo federale e per gli enti che ricevono finanziamenti federali.

Questa norma garantisce che le tecnologie dell'informazione e della comunicazione (TIC) da loro sviluppate, acquistate, mantenute o utilizzate siano accessibili alle persone con disabilità.

Entrambe queste normative, pur con ambiti di applicazione diversi, hanno significativamente contribuito a elevare la consapevolezza sull'importanza dell'accesso digitale e a definire un quadro legale in evoluzione.

I casi giudiziari e il divario spesso constatato tra le potenzialità delle tecnologie assistive e l'effettiva accessibilità dei siti web hanno più volte evidenziato come le semplici 'soluzioni tecniche' superficiali non siano sufficienti, rendendo necessario un approccio progettuale che integri l'accessibilità fin dalle fondamenta.

Il settore pubblico deve rendere i suoi siti web e le sue applicazioni mobili compatibili con uno standard di usabilità, che è stato anche richiesto in questo contesto dalla direttiva UE 2016/2102.

Mentre gli stati con visioni più ambiziose hanno contribuito alla differenziazione tra i governi statali.

La concorrenza ha impedito alle aziende private di procedere senza intoppi o (dal punto di vista pubblico comunque) ha mantenuto alcune indietro rispetto a oasi con funzionalità avanzate.

Tuttavia, il quadro normativo europeo ha compiuto un passo avanti significativo. Adottando l'Act Europeo per l'Accessibilità, persino le aziende private devono soddisfare requisiti chiari e vincolanti.

La scadenza per il rispetto di tali requisiti è il 28 giugno 2025. Da quel giorno in poi, l'accessibilità digitale non dipende più dalla buona volontà delle imprese: è un obbligo legale.

Questa evoluzione normativa rappresenta un cambiamento importante. Ora l'accesso ai contenuti online fa parte integrante dei diritti di cittadinanza.

Così come un'azienda apporta modifiche per i visitatori daltonici, dovrebbe anche preparare il proprio sito web in modo che le persone con altri tipi di problemi possano usarlo facilmente e senza frustrazione.

Per questo motivo, mantenere le apparenze diventa meno un problema - troppo poco e troppo tardi appare peggio di niente.

4.3 Chi deve rispettare le regole

Non riguarda solo gli enti pubblici. Anche chi vende online, chi fornisce servizi da remoto o ha sedi sparse in più città, deve pensare all'accessibilità. E vale anche per quelle organizzazioni che non hanno fini di lucro, ma si rivolgono al pubblico.

Se un'azienda lavora sul web, ha delle responsabilità. Non basta avere un sito. Deve funzionare per tutti. Le regole esistono da tempo e sono piuttosto chiare. Il contenuto dev'essere leggibile, navigabile, usabile. Anche per chi usa un lettore vocale o ha difficoltà motorie. E no, non è una gentilezza: è previsto dalla legge.

Esistono gruppi che monitorano tutto questo. La Web Accessibility Initiative, per esempio, pubblica indicazioni da seguire. Non sono solo consigli tecnici: sono criteri minimi.

L'Unione Europea ha già detto che non si può più ignorare il problema. Ha stabilito che non solo le pubbliche amministrazioni, ma anche le aziende che offrono servizi a enti pubblici devono assicurare che nessuno resti escluso. Le regole ci sono. Ora sta alle persone applicarle, davvero.

A livello nazionale, molti paesi hanno incorporato le normative nella legge.

La **Legge Stanca del 2004** e, con un decreto legislativo separato, la **Legge 4/2004**, rendono obbligatorio per tutte le amministrazioni pubbliche e le aziende in Italia garantire che i loro siti web siano accessibili. **Ciò ottiene due scopi:**

1.   Il primo è che ogni cittadino possa ricevere un trattamento equo online.
2.   Il secondo è che le informazioni o i servizi pubblici siano mantenuti accessibili alle persone con disabilità.

Tali requisiti scritti nelle normative locali o nazionali non sembrano quindi essere principalmente un tipo di standard tecnico. Anziché dire, si potrebbe affermare che siano più di natura innovativa.

Lo scopo di tali normative, quindi, è permettere alle persone con disabilità di avere uguale accesso alle informazioni e ai servizi online. Questo è anche ciò che sono destinate a promuovere.

Esclusioni e eccezioni

Sebbene l'obbligo di accessibilità si stia ampliando, è importante notare che normative come l'European Accessibility Act (EAA) prevedono alcune **eccezioni, in particolare per le microimprese** (aziende con meno di dieci dipendenti e un fatturato annuo o un totale di bilancio annuo non superiore a 2 milioni di euro) che forniscono servizi o prodotti non ritenuti essenziali ai fini dell'accessibilità o il cui adeguamento comporterebbe un onere sproporzionato. Tuttavia, è cruciale interpretare queste esenzioni con cautela e lungimiranza:

1. **Onere Sproporzionato:** La valutazione dell'onere sproporzionato deve essere documentata e considera i costi e i benefici per le persone con disabilità. Non è un'esenzione automatica.

2. **Obblighi Indiretti:** Anche se una microimpresa fosse esentata direttamente, potrebbe essere indirettamente tenuta a rispettare gli standard se opera come fornitore per enti pubblici o aziende più grandi che sono invece soggette agli obblighi. Ad esempio, se sviluppa un software per la PA.

---

3. **Settori Specifici:** Alcuni prodotti e servizi, indipendentemente dalle dimensioni dell'azienda fornitrice (entro certi limiti), saranno comunque coperti dall'EAA a causa della loro natura (es. e-commerce, servizi bancari, e-book, ecc., come vedremo meglio parlando dell'EAA).

4. **Vantaggio Competitivo e Best Practice:** Al di là degli obblighi stretti, rendere i propri prodotti e servizi digitali accessibili rimane una **fondamentale buona pratica, un segno di responsabilità sociale e un notevole vantaggio competitivo**. Un sito accessibile raggiunge un pubblico più vasto, migliora la SEO e rafforza l'immagine del brand. Ignorare l'accessibilità, significa rinunciare a potenziali clienti e a un mercato in crescita.

5. **Evoluzione Normativa:** Il panorama legislativo è in continua evoluzione. Un'esenzione odierna potrebbe non esserlo domani.

Inoltre, settori come l'istruzione, la sanità e l'amministrazione pubblica, come già visto, sono generalmente soggetti a una regolamentazione più stringente in materia di accessibilità, spesso indipendentemente dalla dimensione dell'ente specifico, data la loro funzione sociale.

Implicazioni legali ed economiche

Per le aziende tenute ad aderire a queste leggi, qualsiasi inadempienza può portare alle conseguenze legali più gravi. A seconda della legislazione locale, ciò potrebbe includere multe o cause legali - tutto ciò lascerebbe cicatrici non solo finanziarie ma anche morali su un'azienda.

In una società dove l'accesso è sempre più visto come una risorsa preziosa, le aziende che non si comportano secondo gli standard di accessibilità possono apparire esclusive e indifferenti a tutti - ovvero a ogni cliente. Potrebbero quindi perdere il supporto dei loro seguaci fidati perché questo pubblico sta diventando sempre più consapevole di comportamenti inclusivi.

4.4 L'accessibilità come occasione concreta

L'accessibilità non è un obbligo da spuntare, né un favore da concedere. È un'occasione. Punto.

Ogni volta che un sito diventa più facile da usare per chi ha disabilità, migliora per tutti. Senza eccezioni. La navigazione scorre meglio, i contenuti sono più chiari, la struttura più solida. E non è una teoria: succede davvero.

Il bello è che quando apri le porte, entra più gente. È semplice: se un sito funziona bene anche per chi usa uno screen reader o naviga solo da tastiera, allora sarà ancora più efficace per chiunque altro. La soddisfazione cresce. La fedeltà anche.

Chi incontra un ostacolo, spesso non ci riprova.

Se una persona disabile trova barriere, se ne va. Non torna.

Non clicca.

Non compra.

Ma se il sito è accogliente e funziona per tutti, allora sì: restano. Ritornano. Si fidano. E con il tempo, questo fa la differenza.

Non serve essere un gigante per iniziare. Certo, ci sono eccezioni legate alla dimensione aziendale, ma il punto è un altro: non farlo significa rinunciare a un'intera fetta di mercato.

E parliamo di milioni di persone. Invisibili solo per chi sceglie di ignorarle.

Aprire il proprio sito a tutti significa anche entrare in nuovi mercati.

Non è beneficenza: è buon senso.
È una scelta strategica.

Migliora la reputazione, aumenta la visibilità, e alla fine si riflette su ciò che conta davvero: le relazioni, la fiducia, le vendite.

L'accessibilità, insomma, è un vantaggio. Non morale. Non teorico. Reale. Misurabile. Accessibile, appunto.

4.5 Cosa rischia chi ignora l'accessibilità

Chi non si adegua, paga. In tutti i sensi.

Non parliamo solo di multe. Quando un'azienda ignora l'accessibilità, si mette in una posizione fragile, esposta. Le leggi — europee, americane o locali — parlano chiaro: i servizi digitali devono essere accessibili. Non è un'opzione, è un diritto.

E se qualcuno viene escluso da un sito o da un'app a causa di barriere digitali, può fare causa. Succede. Succede sempre più spesso. Le azioni legali non sono rare e possono arrivare da singoli utenti o da associazioni. Non è solo una questione tecnica: è discriminazione.

E poi c'è il danno che non si vede subito ma colpisce duro: la reputazione. Quando si scopre che un'azienda non rispetta gli standard di accessibilità, la notizia gira. I clienti se ne accorgono. I social fanno il resto. E fiducia e credibilità crollano in un attimo.

Perdere utenti con disabilità è già grave. Ma spesso se ne vanno anche gli altri: quelli che scelgono in base ai valori. Che premiano chi è inclusivo e puniscono chi fa finta di nulla. Un sito difficile da usare non è solo un problema tecnico: è un segnale di chiusura, di indifferenza.

E intanto la concorrenza va avanti.
Chi investe nell'accessibilità guadagna terreno. Non solo migliora l'esperienza per tutti, ma apre nuove strade, partecipa a bandi pubblici, conquista mercati in cui l'inclusione è un requisito — non un bonus.

Restare indietro vuol dire lasciare spazio agli altri. E perderlo per sempre.In un mondo dove tutto passa dal digitale, l'accessibilità non è solo una regola da rispettare. È buon senso. È visione.

Rendere i propri servizi accessibili significa aprirli davvero a tutti. Non è solo giusto: è intelligente. Più persone riescono a usare un sito o un'app, più crescono le possibilità di creare relazioni autentiche, solide, durature.

E poi c'è un'altra cosa: l'accessibilità spinge all'innovazione. Ti costringe a semplificare, a chiarire, a migliorare. E quando progetti pensando a chi ha più difficoltà, finisci per creare qualcosa di migliore.

Le aziende che lo capiscono non si limitano a rispettare le leggi: si distinguono. Mostrano attenzione, cura, responsabilità. Parlano con i fatti, non con gli slogan.

La ricompensa?

Una reputazione più forte, una fiducia che cresce nel tempo. E clienti che non solo tornano, ma parlano bene di te. Perché l'inclusione si sente. E si ricorda.

4.6 PEC, Panico e PDF Scansionati

Succede più spesso di quanto immagini: apri un documento online e... silenzio. Per chi usa un lettore di schermo, quel PDF è muto. Nessuna parola da leggere, nessuna informazione da afferrare. Solo una pagina vuota travestita da file.

Il problema? Quei PDF caricati al volo, scansionati al volo, dimenticati subito dopo. Magari una comunicazione ufficiale, magari una PEC, magari qualcosa di importante. Ma se il testo non è riconoscibile — se il documento è solo un'immagine — diventa inutilizzabile per chi è cieco o ipovedente.

E non parliamo solo di siti istituzionali. Anche in azienda succede: report, manuali, contratti, circolari. Tutto caricato senza pensare a chi, per accedere, ha bisogno di un testo leggibile da uno screen reader.

Chi lavora con tecnologie assistive si trova così tagliato fuori. E no, non è un problema secondario. È esclusione, punto. Invisibile solo per chi non ci pensa.

Rendere un documento accessibile non richiede magia. Serve consapevolezza. Perché un PDF che parla davvero, parla a tutti.

👉 Un consiglio pratico? Quando crei o condividi un PDF, assicurati che il testo sia selezionabile. Se non lo è, converti l'immagine in testo con l'OCR (riconoscimento ottico dei caratteri) prima di pubblicarlo.

Puoi farlo con Acrobat, LibreOffice, o strumenti online gratuiti. Basta un passaggio in più per rendere un documento leggibile. E inclusivo.

Capitolo 5 Checklist dell'Accessibilità

L'accessibilità non è un'intuizione, è un metodo. Servono strumenti chiari, buone abitudini e controlli costanti. Questa sezione raccoglie i punti fermi da avere sempre sotto mano, per chi vuole pubblicare contenuti digitali senza barriere. Qui non trovi teoria: trovi strumenti, verifiche e soluzioni pratiche.

5.1 Struttura Semantica e Gerarchia dei Contenuti

Tutto comincia dalla struttura. Non quella visibile, ma quella che tiene in piedi tutto: il codice. Un sito accessibile parte da lì. Se l'ossatura è solida, ogni altro pezzo si incastra meglio.

Una pagina ben costruita ha una logica interna, come un testo scritto bene: ogni cosa al suo posto. Un titolo è davvero un titolo, un elenco è un elenco, un paragrafo è un pensiero ordinato. Niente scorciatoie, niente elementi buttati lì perché "tanto funziona lo stesso".

Usare i tag giusti – come <h1>, <h2>, <p>, <ul>, <table> – non è solo questione di correttezza tecnica: è rispetto. Verso chi legge con un lettore di schermo, certo, ma anche verso chi legge normalmente. Una gerarchia ben fatta rende i contenuti più chiari per tutti.

I titoli devono seguire un filo. Non si parte da <h1> per poi saltare a caso a un <h4>, solo perché visivamente sembra più carino. Se vuoi un testo più grande, c'è il CSS per quello. Ma se vuoi una struttura che parli davvero, serve coerenza.

E attenzione a div e span. Vanno bene per impaginare, non per dare significato. Se un elemento è un pulsante, usa <button>. Se è una citazione, usa <blockquote>. Il codice deve raccontare ciò che il design mostra.

Poi ci sono le landmarks: <nav>, <main>, <footer>. Sono punti di riferimento per chi non vede la pagina ma la esplora con tecnologie assistive. Gli dicono dove comincia la navigazione, dove c'è il contenuto principale, dove finisce tutto.

Una buona struttura semantica è come una mappa chiara: non solo ti fa arrivare, ma ti fa tornare volentieri.

5.2 Navigazione e focus

Viaggiare con la tastiera, senza perdersi. C'è chi un sito non lo può cliccare. Non per scelta, ma per necessità. La tastiera, per molte persone, è l'unico modo per muoversi online. E ogni volta che premono Tab, si aspettano una risposta chiara. Un passaggio logico. Un percorso possibile.

Una buona navigazione non ti sorprende: ti accompagna. Deve essere semplice, continua, senza bivi improvvisi o vicoli ciechi. Chi usa dispositivi assistivi ha bisogno di sapere dove si trova, dove può andare, e come tornarci.

Il focus che non ti lascia solo

Ogni interazione deve farsi vedere. Quando ti sposti tra link, pulsanti, moduli, il sito deve mostrarti chiaramente dove sei. Basta un bordo, un'ombra, un colore. Ma deve esserci. Altrimenti è come camminare in una stanza buia.

L'ordine? Deve seguire il buon senso: da sinistra a destra, dall'alto in basso. Come leggi un libro. Se il focus salta di qua e di là senza motivo, diventa impossibile seguirlo. E il sito, invece di accogliere, respinge.

Tutto dev'essere raggiungibile

Ogni cosa che si può cliccare, si deve anche poter raggiungere con la tastiera. Nessuna eccezione. Un'icona, un menu, un campo di ricerca: se non ci arrivi con il Tab, per qualcuno semplicemente non esiste.

Focus che si fa notare (senza disturbare)

Il focus non deve urlare. Ma deve farsi vedere. Un design curato non lo nasconde: lo integra. Niente overlay confusi, niente effetti speciali che lo coprono. Serve solo coerenza visiva, chiarezza. Perché ogni utente merita di sapere dove si trova.

E i modali?

I popup sono un'altra storia. Appena si aprono, il focus deve saltare dentro. E restare lì, senza scappare su altri elementi nascosti. Quando il modale si chiude, il focus deve tornare esattamente dove stava prima. È una questione di rispetto: per l'utente, per il suo tempo, per il suo modo di navigare.

Un modale fatto bene non intrappola. Si apre, si esplora, si chiude. Anche con il tasto Esc. Anche solo con la tastiera. E soprattutto: non lascia nessuno fuori.

5.3 Testi e contenuti

Parole che aprono, non che escludono. Il web parla. E lo fa con le parole. Non con gli effetti speciali o i layout perfetti, ma con il testo. È lì che tutto prende senso. Ma un testo, per funzionare, deve farsi capire. Subito. Chi ha difficoltà di lettura, dislessia, problemi cognitivi o semplicemente poca pazienza non cerca frasi lunghe. Cerca chiarezza. Cerca un ritmo che accompagni, non che confonda. E la verità è che non serve scrivere tanto: serve scrivere bene. Un testo accessibile arriva dritto al punto. Non gira intorno. Non inciampa su parole inutili. Dice cosa c'è da dire, e lo fa senza farsi pregare. La semplicità, però, non è banalità. È attenzione. È togliere ciò che complica, non ciò che conta. Quando scrivi pensando all'accessibilità, non stai abbassando il livello: stai alzando la qualità dell'esperienza per tutti. E sai una cosa? Anche chi non ha difficoltà apprezza un testo chiaro. Lo legge volentieri. Lo capisce. Lo ricorda.

Dire le cose, non complicarle Sul web la gente non legge. Scorre. Cerca parole chiave, punti fermi, appigli. Se inciampa in una frase troppo lunga, magari si ferma. O magari chiude tutto. Perciò: frasi brevi. Una sola idea per volta. Un punto quando serve. Evita incastri inutili, subordinate che si perdono per strada, paroloni da esperto se puoi dirlo in modo più diretto. Il gergo? Solo se spiegato. Il tono? Amichevole, non accademico. Se chi legge deve chiedersi "cosa vuol dire?", c'è già un problema. Scrivere in modo accessibile è scegliere bene ogni parola. È dare spazio al lettore, non fargli la corsa ad ostacoli. È accogliere, anche con le frasi. E questo — sì — cambia davvero tutto.

✗ Frase complessa: Si consiglia vivamente di effettuare un backup dei dati antecedente all'aggiornamento del sistema.
■ Versione accessibile: Fai una copia dei tuoi dati prima di aggiornare il sistema.

✗ Frase complessa: In ottemperanza alle normative vigenti, l'accesso a tale area è subordinato all'autenticazione.
■ Versione accessibile: Per entrare in quest'area, devi prima accedere con il tuo account.

✗ Frase complessa: Qualora dovessi riscontrare problematiche, ti invitiamo a contattare il nostro servizio di assistenza.

■ Versione accessibile: Se hai problemi, contatta il nostro supporto.

✖ Frase complessa: La procedura è da considerarsi conclusa solo al termine della ricezione della conferma via email.
■ Versione accessibile: La procedura finisce quando ricevi l'email di conferma.

✖ Frase complessa: Le funzionalità di personalizzazione sono accessibili esclusivamente previo login.
■ Versione accessibile: Puoi personalizzare solo dopo aver effettuato l'accesso.

✖ Frase complessa: I requisiti minimi di sistema devono essere soddisfatti affinché il programma funzioni correttamente.
■ Versione accessibile: Il programma funziona solo se il tuo sistema ha i requisiti minimi.

Organizzazione dei contenuti

Lascia respirare il testo Quando un blocco di testo è troppo lungo, la mente si spegne ancora prima di iniziare a leggere.

Succede a tutti, ma per chi ha difficoltà cognitive o scarsa capacità di concentrazione, il rischio è ancora più alto.

Per questo è importante dare aria al contenuto. Paragrafi brevi. Spazi bianchi. Titoli chiari. Sottotitoli che guidano.

Tutto questo non serve solo a "rendere più bello il testo": serve a renderlo leggibile, accessibile, umano. Un testo ben organizzato non mette in difficoltà. Aiuta. Accompagna.

E soprattutto, non costringe a sforzi inutili.

Le liste sono alleate della chiarezza

Quando ci sono tante informazioni da trasmettere, non infilarle tutte in un paragrafo infinito. Spezzale. Fai una lista. I punti elenco sono molto più facili da seguire:

- semplici

- visivi

- ordinati Permettono di vedere subito cosa conta, senza perdere il filo.

Attenzione alla leggibilità tipografica

Oltre alla struttura e alla chiarezza del linguaggio, anche la presentazione visiva del testo gioca un ruolo cruciale.

Scegli font (caratteri tipografici) chiari e ben leggibili, preferendo quelli senza grazie (sans-serif) per i testi a schermo, poiché spesso risultano più facili da decifrare, specialmente per chi ha dislessia o ipovisione.

Assicurati che ci sia sufficiente interlinea (spazio tra le righe di testo) e spaziatura tra i paragrafi per evitare che il testo appaia troppo denso.

Un valore di interlinea di almeno 1.5 volte la dimensione del carattere è un buon punto di partenza.

Evita il testo giustificato (allineato sia a destra che a sinistra), che può creare spaziature irregolari tra le parole ("fiumi" di spazio bianco) rendendo la lettura più faticosa, specialmente per persone con dislessia.

L'allineamento a sinistra (o a destra per le lingue come l'arabo o l'ebraico) offre un margine più regolare e prevedibile, facilitando il ritorno a capo dell'occhio. Infine, garantisci una lunghezza di riga ottimale: righe troppo lunghe o troppo corte possono affaticare la vista e rendere difficile seguire il testo.

Generalmente, si consigliano tra i 45 e i 75 caratteri per riga per una leggibilità ottimale sui dispositivi desktop.

In un web dove tutto corre, un'informazione chiara e ben presentata vale più di cento parole scritte in modo brillante ma inaccessibile.

E un contenuto ben organizzato, sia nella struttura che nella forma, può fare la differenza tra un sito abbandonato e uno che funziona davvero per tutti.

Capitolo 6: Strumenti per l'Accessibilità Web

Fare accessibilità non significa indovinare. Significa controllare, testare, sistemare. Per farlo servono strumenti affidabili, semplici e davvero utili nella vita reale. Quelli che seguono sono una cassetta degli attrezzi essenziale: pochi strumenti, ma buoni.

6.1 Analisi automatica

Gli strumenti di analisi automatica sono preziosi alleati per una prima, rapida verifica dell'accessibilità di un sito web.

Possono identificare molti problemi comuni relativi alle WCAG, come alcuni errori di codice, un contrasto cromatico insufficiente tra testo e sfondo, o la mancanza di testi alternativi per le immagini.

Sono ottimi per una scansione iniziale e per individuare le non conformità più evidenti.

Tuttavia, è fondamentale essere consapevoli dei loro limiti: nessuno strumento automatico può sostituire il giudizio umano e il test manuale approfondito.

Si stima, infatti, che l'analisi automatica possa rilevare solo una parte dei potenziali problemi di accessibilità (spesso indicata tra il 30% e il 50%), poiché molti aspetti cruciali – come la logica della navigazione da tastiera, la reale comprensibilità dei contenuti, l'usabilità di componenti interattivi complessi o l'esperienza complessiva con diverse tecnologie assistive – richiedono una valutazione umana e contestuale.

Utilizza quindi questi strumenti come un valido punto di partenza per una prima diagnosi, ma integra sempre i loro risultati con rigorosi test manuali, verifiche con tecnologie assistive (come i lettori di schermo) e, idealmente, coinvolgendo utenti con disabilità nel processo di testing.

Controlli veloci, risultati chiari:

● **WAVE – Web Accessibility Evaluation Tool** Mostra direttamente sulla pagina gli errori e gli avvisi di accessibilità, fornendo un'analisi visiva immediata. Ottimo per chi vuole comprendere rapidamente dove intervenire. *Disponibile come estensione per browser e online su: https://wave.webaim.org/*

● **axe DevTools – Accessibility Checker** Un'estensione per browser molto popolare tra gli sviluppatori, esegue controlli dettagliati basati sulle regole WCAG e offre indicazioni tecniche per la risoluzione dei problemi. *Sviluppato da Deque Systems: https://www.deque.com/axe/devtools/*

● **Lighthouse (integrato in Google Chrome DevTools)** Questo strumento, accessibile direttamente dagli strumenti per sviluppatori di Chrome, analizza diverse metriche di una pagina web, inclusa una sezione dedicata all'accessibilità, oltre a performance, SEO e altro. Utile per una panoramica veloce ma completa. *Documentazione: https://developers.google.com/web/tools/lighthouse*

6.2 Verifica del contrasto

Far leggere senza affaticare

🍎 Contrast Checker – WebAIM
Ti dice se i colori di testo e sfondo rispettano le regole di leggibilità.https://webaim.org/resources/contrastchecker/

🍎 Color Contrast Analyzer – TPGi
Applicazione desktop utile per verificare i contrasti anche su screenshot o interfacce non codificate.
https://www.tpgi.com/color-contrast-checker/

🍎 Tanaguru Contrast Finder
Uno strumento molto pratico per trovare automaticamente combinazioni di colori che rispettano i criteri di contrasto delle WCAG. È utile soprattutto quando vuoi correggere un contrasto insufficiente e trovare alternative accessibili.
https://contrast-finder.tanaguru.com/

6.3 Focus e tastiera

Per chi naviga senza mouse. Verifica Manuale del Focus Visibile (Rif. WCAG G135, G195) Più che uno strumento specifico, questa è una verifica cruciale da effettuare manualmente, spesso con l'ausilio degli strumenti di ispezione del browser.

L'obiettivo è assicurarsi che ogni elemento interattivo riceva un indicatore di focus chiaramente visibile quando si naviga esclusivamente tramite tastiera.

È fondamentale che l'indicatore di focus non venga mai soppresso (ad esempio, tramite outline: none in CSS senza fornire un'alternativa visiva adeguata) e che l'ordine di focus segua una progressione logica e intuitiva attraverso la pagina. Riferimenti WCAG utili: G135: Providing a visible focus indicator, G195: Using an author-supplied, highly visible focus indicator

▄▄ Keyboard Accessibility Checker – TPGi
Permette di controllare se tutti gli elementi interattivi sono raggiungibili tramite il tasto Tab.
https://www.tpgi.com/keyboard-accessibility-checker/

6.4 Test con Lettori di Schermo (Screen Reader)

Comprendere come gli utenti che si affidano ai lettori di schermo interagiscono con il tuo sito web è un passo cruciale e insostituibile nel processo di verifica dell'accessibilità.

Questi software specializzati convertono il contenuto testuale visualizzato sullo schermo, le informazioni sulla struttura della pagina (come titoli e landmark) e gli stati degli elementi interattivi in output vocale sintetizzato o in output Braille per display tattili.

Testare direttamente con essi rivela problemi di usabilità e barriere che nessun altro strumento automatico può evidenziare.

Principali lettori di schermo da considerare per i test:

🔊 **NVDA (NonVisual Desktop Access):** Un lettore di schermo gratuito e open-source per Windows, estremamente popolare e potente. È uno standard de facto per i test di accessibilità su questa piattaforma. *Sito ufficiale: https://www.nvaccess.org/*

🔊 **JAWS (Job Access With Speech):** Un lettore di schermo commerciale per Windows, molto diffuso, specialmente in contesti lavorativi e formativi. Offre funzionalità avanzate ed è importante testare la compatibilità con esso. *Sito ufficiale:* *https://www.freedomscientific.com/products/software* */jaws/* (Nota: JAWS è un software a pagamento, ma spesso offre una modalità di funzionamento limitata nel tempo per scopi di test).

🔊 **VoiceOver:** Il lettore di schermo integrato gratuitamente in tutti i sistemi operativi Apple (macOS, iOS, iPadOS). È essenziale per verificare l'accessibilità sui dispositivi Apple. *(Si attiva dalle Impostazioni di Sistema/Accessibilità del dispositivo)*

🔊 **TalkBack:** Il lettore di schermo integrato gratuitamente nel sistema operativo Android (spesso necessita di essere attivato dalle impostazioni di accessibilità). Fondamentale per testare l'esperienza utente su smartphone e tablet Android. *(Si attiva dalle Impostazioni/Accessibilità del dispositivo)*

🔊 **Narratore (Microsoft Narrator):** Il lettore di schermo integrato in Windows. Le sue funzionalità sono state notevolmente migliorate nelle versioni più recenti di Windows, rendendolo un altro strumento utile per i test di base. *(Si attiva dalle Impostazioni/Accessibilità di Windows)*

Cosa verificare specificamente durante i test con un lettore di schermo

Testi Alternativi: Le immagini che veicolano informazioni hanno testi alternativi chiari, concisi e utili? Le immagini puramente decorative vengono correttamente ignorate (alt="")?

Struttura della Pagina: La gerarchia dei titoli (da <h1> a <h6>) è logica e permette di comprendere e navigare l'organizzazione dei contenuti? Le landmark HTML5 (<main>, <nav>, <aside>, <footer>, ecc.) sono usate correttamente per identificare le principali regioni della pagina?

Navigazione: Tutti gli elementi interattivi (link, pulsanti, campi modulo) sono raggiungibili e attivabili tramite tastiera e annunciati correttamente? I link sono descrittivi e si capisce la loro destinazione anche se letti fuori dal contesto circostante?

Moduli (Form): Tutti i campi dei moduli hanno etichette (<label>) associate correttamente? Le istruzioni per la compilazione sono chiare? I campi obbligatori sono identificati? I messaggi di errore sono annunciati in modo tempestivo e comprensibile e aiutano l'utente a correggere l'input?

Tabelle Dati: Le tabelle utilizzate per presentare dati sono strutturate correttamente con intestazioni di riga e/o colonna (<th> con scope appropriato) in modo che le relazioni tra le celle e le loro intestazioni siano chiare?

Contenuti Dinamici e Componenti Complessi: Gli aggiornamenti di contenuto che avvengono dinamicamente (es. risultati di una ricerca, notifiche) sono comunicati agli utenti di screen reader (ad esempio tramite ARIA live regions)?

I componenti interattivi complessi (come menu a tendina, slider, tab panel, finestre modali) sono pienamente accessibili e usabili? Il focus è gestito correttamente quando questi componenti appaiono o scompaiono?

Imparare a usare le funzionalità di base di almeno uno o due di questi lettori di schermo è un investimento di tempo che ripaga enormemente. Ti permetterà non solo di identificare problemi, ma anche di sviluppare una maggiore empatia e comprensione verso le esigenze degli utenti che navigano il web in modi diversi.

Capitolo 7: Oltre il codice: L'accessibilità come impegno quotidiano per un futuro inclusivo

L'accessibilità web non è solo una questione tecnica: è una scelta. Ogni riga di codice, ogni elemento di design, ogni contenuto che pubblichiamo definisce chi potrà accedere e chi resterà escluso. Non è un optional, ma una responsabilità fondamentale per chiunque operi nel digitale. Un sito non accessibile non è neutro: è una barriera.

La domanda che dobbiamo porci è profonda: che tipo di rete vogliamo costruire? Una che accoglie o una che seleziona? Le nostre decisioni quotidiane plasmano la risposta.

Rendere un sito accessibile, è bene ribadirlo, non avvantaggia solo le persone con disabilità. Un design chiaro, contenuti comprensibili e una navigazione intuitiva migliorano l'esperienza per tutti gli utenti. Siti accessibili funzionano meglio, sono più performanti e raggiungono un pubblico più vasto. Non è solo etica: è una strategia intelligente, un vantaggio competitivo che costruisce fiducia e lealtà.

L'European Accessibility Act, con la sua scadenza del 28 giugno 2025, non va visto come un semplice obbligo, ma come un'opportunità per innovare e distinguersi. Chi abbraccerà l'accessibilità come un valore intrinseco sarà un passo avanti, pronto per un mercato che chiede inclusione.

Perché dove finisce il codice, iniziano le persone. L'accessibilità è rispetto, è partecipazione, è dignità. È permettere a una persona con disabilità visiva di fare acquisti online in autonomia, a uno studente con dislessia di apprendere senza ostacoli, a chiunque di fruire del web con semplicità. Ogni funzionalità accessibile è un pezzetto di libertà e indipendenza donato.

Il futuro inclusivo del web non si realizza da solo: dipende da noi. Dalle nostre scelte, dalla nostra attenzione, dal nostro impegno quotidiano. Ogni volta che rendiamo un elemento accessibile, lasciamo un segno positivo. L'accessibilità è un valore che permea l'intero ecosistema digitale, rendendolo più forte, più giusto, più umano.

Non è un progetto da concludere, ma un modo di lavorare, una lente con cui guardare il mondo digitale ogni giorno.

Richiede impegno, certo, ma il risultato è un web migliore per tutti.

Scrivere codice che include, progettare esperienze che accolgono, comunicare senza lasciare indietro nessuno: questa è la nostra sfida e la nostra opportunità.

Il futuro è inclusivo. E comincia adesso.

Appendice: Fonti Utilizzate nella Ricerca

In quest'appendice trovi tutte le fonti consultate e utilizzate per la stesura di questo libro, che comprendono articoli, studi, siti web e altre risorse che hanno contribuito alla ricerca e all'elaborazione dei contenuti trattati.

1.   Linee Guida sull'Accessibilità (WCAG) - W3C Web Accessibility Initiative (WAI) Le Web Content Accessibility Guidelines (WCAG) sono state la base per la parte tecnica del libro, in particolare per quanto riguarda le normative internazionali di accessibilità. Queste linee guida sono fondamentali per chiunque sviluppi contenuti web accessibili.
Approfondimenti e versioni:
https://www.w3.org/WAI/standards-guidelines/wcag/

2.   WCAG 2.2 Recommendation (attuale al maggio 2024): https://www.w3.org/TR/WCAG22/

3.   WebAIM (Web Accessibility in Mind) WebAIM è una risorsa fondamentale per chiunque desideri approfondire l'accessibilità web. Fornisce articoli, strumenti e documentazione su come migliorare l'accessibilità dei siti web.https://webaim.org/

4.   Deque Systems Deque Systems è uno dei principali fornitori di soluzioni di accessibilità web. Il loro sito offre una vasta gamma di risorse, tra cui articoli, ricerche e strumenti per migliorare l'accessibilità. https://www.deque.com/

5.   W3C Web Accessibility Initiative (WAI) Il W3C è il principale organismo che stabilisce le linee guida per l'accessibilità web. La sua iniziativa WAI fornisce numerosi articoli, guide e risorse educative per promuovere un web accessibile. https://www.w3.org/WAI/

6.   A11Y Project Una comunità di sviluppatori e designer che promuovono le migliori pratiche per l'accessibilità web. Il sito contiene risorse, articoli e strumenti utili per rendere i siti web accessibili. https://www.a11yproject.com/

7.   National Federation of the Blind (NFB) È un'importante organizzazione che si occupa di advocacy per le persone cieche e ipovedenti, e fornisce numerosi materiali su come migliorare l'accessibilità per le persone con disabilità visive.
https://nfb.org/

8.   European Accessibility Act (EAA) - Direttiva (UE) 2019/882 La Direttiva dell'Unione Europea sull'accessibilità dei prodotti e dei servizi è un documento fondamentale per capire le normative che regolano l'accessibilità in Europa, soprattutto per le aziende e le pubbliche amministrazioni.
Testo ufficiale della Direttiva:
https://eur-lex.europa.eu/eli/dir/2019/882/oj

9.   Informazioni dalla Commissione Europea:
https://ec.europa.eu/social/main.jsp?catId=1202
(sezione sull'accessibilità)

10.   US Access Board - Section 508 È la parte della legge americana (Rehabilitation Act) che obbliga le agenzie federali a garantire che le loro tecnologie dell'informazione e della comunicazione (TIC) siano accessibili. Le linee guida della US Access Board sono spesso utilizzate come riferimento.Informazioni ufficiali sulla Section 508: https://www.section508.gov/

11.   Risorse ICT dall'Access Board: https://www.access-board.gov/ict/

12.   Lighthouse Documentation - Google Lo strumento di Google per il controllo delle performance, della SEO e dell'accessibilità, è stata consultata per comprendere come valutare in modo pratico la qualità di un sito web. https://developer.chrome.com/docs/lighthouse/

13.   Report e Risorse sull'Accessibilità di Microsoft
Microsoft analizza le sfide e le opportunità per le
persone con disabilità quando interagiscono con la
tecnologia e il web, e offre dati e risorse utili per
comprendere l'importanza dell'inclusività digitale.
https://www.microsoft.com/accessibility

14.   TED Talks sull'Accessibilità Interventi su temi
come l'inclusività digitale e l'accessibilità sono stati
fonte di ispirazione per il capitolo riguardante
l'accessibilità come valore sociale ed etico, piuttosto
che solo un obbligo normativo.

Ricerca di talk sull'accessibilità:
https://www.ted.com/search?q=accessibility
https://www.ted.com/topics/accessibility

Note: Le fonti incluse in questa appendice riflettono solo una
parte della vasta ricerca che ha contribuito alla stesura del
libro. Ogni risorsa, articolo, e documento consultato è stato
scelto per offrire un'analisi approfondita e per supportare la
creazione di contenuti accurati e ben documentati.

Electra Nadalini è consulente e formatrice nel settore digitale, specializzata in accessibilità e inclusione online. Titolare dell'agenzia magicNET.it, accompagna da anni PMI, enti e professionisti nella trasformazione digitale con particolare attenzione all'usabilità **elly@magicnet.it**

Una guida pratica per progettare contenuti e siti accessibili, comprendere le normative europee (EAA) e migliorare l'esperienza digitale per tutti. Dalle basi tecniche ai casi reali, un percorso per pensare e costruire davvero accessibilità.

ISBN 9798316802388

90000

9 798316 802388